8.
I. K 582

VIVE L'ALGÉRIE!

MALGRÉ LA BROCHURE

Indigènes et Immigrants

PAR

RÉMÉON PESCHEUX

Auteur de nombreuses Études et d'articles divers sur l'Algérie,
Membre correspondant de la *Revue africaine*, de la
Revue de l'Orient, du *Monde colonial*, etc.

Vendu au profit des indigents de l'Algérie

CONSTANTINE

A LA LIBRAIRIE GUENDE, PLACE DU PALAIS

ALGER,	PARIS,
M. TISSIER, LIBRAIRE,	CHALLAMEL, LIBRAIRE,
rue Bâb-el-Oued,	30, rue des Boulangers,

ET CHEZ TOUS LES LIBRAIRES DE L'ALGÉRIE

1863

Constantine — Typ. veuve GUENDE.

VIVE L'ALGÉRIE !

malgré la Brochure

INDIGÈNES ET IMMIGRANTS.

Insaisissable auteur de la brochure *Indigènes et Immigrants*, salut !

Votre encre d'opium et de ciguë a couvert de deuil l'Algérie tout entière.

Votre voix inconnue, ce cri de réprobation contre nous, cette proclamation de votre plume mystérieuse, ont jeté la colonie dans la stupeur et la désolation !

« Ecce nunc reges, intelligite, et erudimini qui judicatis terram! »

Etes-vous un nouveau raçoul allah, un chérif de Paris, un marabout illuminé ? Alors vous oubliez jusqu'à la contradiction dans les mots; vous intitulez votre brochure *l'Algérie française*; c'est une grosse erreur; vous vouliez dire : L'ALGÉRIE ANTI-FRANÇAISE. Mais vous n'y avez pas songé en corrigeant l'épreuve. Quelle abominable coquille, Monsieur! Nous savons bien que son véritable et seul titre devait être : *Pandœmonium arabe !*

Il sera facile de le démontrer.

Nous autres qui avons vu de près les choses, qui avons vécu ici notre vie multiple, souffrances, espoirs, déceptions, expériences, foi et courage, par nous et non pour nous, au milieu de vos chérubins musulmans, séraphins d'amour pour nous dans la paix, Michel-Archanges contre nous dans la guerre, nous comprenons et jugeons, avec pleine et entière connaissance de cause, la valeur de vos utopies, comme on dirait en un sens contraire dans votre monde, et le but de votre long cri, 74 pages : *sauve qui peut!*

Aussi, pour d'autres raisons que les vôtres, pour des motifs plus nobles, plus grands, plus logiques, plus civilisateurs, fondés sur la vérité, sur des principes indélébiles, sur des faits mathématiques, sur tout ce qu'il y a de moral et de sacré, nous vous répondons par ces mots :

VIVE L'ALGÉRIE !

Oui, vive l'Algérie! l'Algérie française et arabe! non pas le crétinisme indigène, non pas l'exploitation de l'homme par l'homme, de l'Arabe par l'Européen, non pas la féodalité islamique, la tyrannie des grandes tentes, non pas la routine, la réaction coranique, l'instruction insurrectionnelle des Tholbas, le fanatisme intéressé des marabouts, non pas le cantonnement simple et brutal, ce synonyme du *statu quo*, de l'immobilité, ce double parquement qui met en face, mais sans corrélation intime et sans fusion de races, les Européens d'un côté et les musulmans de l'autre!

Votre brochure ressemble à la fameuse muraille de la Chine, grand monument qui fait peur de loin, une chinoiserie!

Vos arguments ressemblent assez bien à ces magots dorés qui saluent toujours celui qui les met en mouvement, mandarins qui tirent la langue et roulent les yeux, sans rien dire ni prouver : ils sont en porcelaine !

Toutefois, votre brochure, monsieur l'anonyme, a pour conséquences déplorables le malheur de chercher à *induire l'Etat en erreur, à tromper le gouvernement, à nous aliéner le respect et le cœur de la France*, et à leur inspirer des mesures qui seraient la honte de l'Algérie et sa mort à la colonisation !

Mais nous protestons, Monsieur, et ce travail s'appelle : *Réfutation algérienne.*

Pourquoi ?

Parce qu'il met en face de vos assertions d'outre-mer, les opinions fondées des Africains, basées sur l'expérimentation, sur l'honneur et la conscience, formulées en Algérie par la presse coloniale, *l'Akhbar, le Courrier de l'Algérie, l'Echo et le Courrier d'Oran, l'Observateur de Blidah, le Courrier de Tlemcen, l'Echo de Setif, le Zéramna, l'Africain, l'Indépendant, la Seybouse;* par un nombre considérable de journaux de France, par les sociétés, Chambres consultatives d'Agriculture, Comices agricoles, Chambres de commerce, Conseils généraux, réfutations particulières et pétitions aussi justes que respectueuses.

Ces opinions là, réunies, unanimes, motivées, vaudront bien la vôtre peut-être.

Vous allez voir passer devant vous des phalanges de réfutateurs que vous voudrez bien ne pas traiter de piètres personnages, d'ignorants ou de spoliateurs des Arabes avec préméditation, ce que vous affirmez pourtant dans votre brochure.

Quant à vous, Monsieur l'E muet s'étoilant d'un accent grave, quels intérêts avez-vous en vue? quelles études avez-vous faites? quelles sont vos expériences? où avez-vous pris vos arguments dont la conclusion est évidemment : *plus d'Algérie française !* Dans des fragments de discours ou d'articles ou de phrases, dans des exclamations de douleur échappées devant un *statu quo* déplorable !

Et c'est avec cela recousu ensemble, lambeau à lambeau, détourné de son sens primitif, de sa portée spéciale, sans tenir compte des particularités et des circonstances qui ont inspiré ces phrases ou ces périodes tronquées dans votre œuvre, que vous avez, à l'aide d'habiles ciseaux, composé cette fatale brochure qui ressemble à un habit d'arlequin, mais d'un arlequin menant un grand convoi de deuil et de malheur !

Pauvre Algérie! Tenez, entre vous et M. Jérôme David, elle me fait l'effet de Jésus conduit de Caïphe à Pilate!

Puissiez-vous, un jour, vous laver les mains de toute l'encre que vous avez répandue dans votre brochure, qui n'est qu'une passoire à mauvais propos sur l'Algérie.

Il est des écrivains imitateurs de ce chat célèbre qui, amoureux d'une cane, se mit à couver les œufs de sa bien-aimée, et en vit naître des petits moitié chats et moitié canards. C'est vous et votre œuvre.

Pauvre Algérie! Mauvais couveurs !

Ou bien, vous êtes encore comme ce bon capucin qui se croyait enceint d'un petit génie et n'accoucha que d'un serpent! On vous souhaite heureuse délivrance !

Protée infatigable dans votre brochure, vous êtes successivement ou tour à tour Janus, Mercure, Esculape, Démocrite, Cérès, la corne d'abondance, Achille, Aristée, Evandre, ou le père Laërte aux treize poiriers. Puis, vous passez aux représentations de Polyphème, d'Ammon père de l'eau, d'Enée emportant son père Anchise et emmenant son fils Iule pour fuir son pays, de Zoïle, d'Anitus, de Méduse et de Circé, des Syrènes et des Euménides. Enfin votre Protée n'a oublié qu'une chose, c'est d'être Français. Néanmoins l'Algérie vous vote un caducée!

Maintenant, commençons par ce qu'il y a de saisissable dans vos prémisses.

Voici deux grandes devises qui n'en font qu'une, tout bien examiné :

1° « L'Etat n'a pas deux buts en Algérie : l'un Euro-

« péen ou chrétien, l'autre indigène; il n'a qu'un but : la
« prospérité du pays par la civilisation des indigènes. »
(page 10 de votre brochure).

« 2° Les indigènes algériens sont des régnicoles à pré-
« parer par la civilisation pour qu'ils deviennent des cito-
« yens français. » (id. page 12).

Voilà donc vos deux grands principes.

Eh bien, qui les a niés ici? qui ne les proclame pas?
qui n'a pas commencé, chacun dans son milieu, à faire passer cette théorie dans la pratique? Il ne faut avoir aucune
connaissance des choses d'ici pour le mettre en doute.

Citez-vous des faits qui le prouvent, des actes repro-
chables, des exceptions? Non! Et encore l'exception fait-
elle la règle?

C'est donc tout à fait gratuitement que plus loin, comme
nous le verrons, vous traiterez les Européens de spoliateurs
et d'exploiteurs des indigènes!

Mais, pour vous faire bien juger de nos lecteurs et leur
faire comprendre immédiatement le but de votre système,
plaçons tout de suite, après vos prémisses, la conclusion que
vous en tirez; alors ils pourront se rendre compte de notre
débat sur vos arguments et vos démonstrations.

Or, votre conclusion draconienne, positive, fatale, impi-
toyable, est formulée en ces termes :

1° « *Il y aura toujours sans doute des immigrants qui*
« *s'adonneront à l'agriculture; le terrain conquis près*
« *du littoral et dans le rayon* RAPPROCHÉ DES VILLES,
« *ne sera pas abandonné par eux, soit comme* JOURNA-
« LIERS, *soit comme* COLONS PARTIAIRES. »
(Page 65).

2° « Les relations entre les deux races deviendront fa-
« ciles et fructueuses, puisque immigrants et indigènes ne

— 8 —

« seront plus placés en face les uns des autres, sur le
« même terrain, comme des antagonistes. » (Page 67).

3° La LIQUIDATION de la colonisation agricole se fera
« *d'elle-même*, on peut même dire qu'elle se continuera
« sans qu'il soit besoin d'intervenir. Elle aboutira, d'une
« part, *à l'agriculture industrielle, aux cultures marai-*
« *chères*, au jardinage; de l'autre à la SUBSTITUTION
« progressive des indigènes aux immigrants ... . sur les
« points excentriques; *la liberté des transactions mobi-*
« *lières opérera l'*ÉVOLUTION. » (page 68).

Telles sont les conclusions que, longuement et après une
évolution inouie d'arguments, de répétitions, d'incrimina-
tions et d'injures, vous tirez de vos prémisses.

Les extrêmes se touchent !

Discutons donc immédiatement les motifs, les faits ou
les preuves, les allégations ou les erreurs, qui vous ont conduit à conclure en faveur d'une si honteuse et si lamenta-
ble liquidation !

Votre théorie est bien celle-ci :

« Pour civiliser les Arabes, séparons-les des immigrants ;
« pour faire de l'agriculture et un progrès agricoles, don-
« nons la terre aux indigènes, et laissons seulement quel-
« ques hectares aux Européens dans un petit rayon, autour
« de chaque ville ; la colonisation des immigrants soit pour
« l'agriculture industrielle, soit pour la culture maraichère
« deviendra impossible, et la liquidation coloniale sera bien-
« tôt faite.

« Mais les immigrants seront journaliers chez les indi-
« gènes et ils feront ainsi prompte fortune, dont la liquida-
« tion ne se fera pas attendre longtemps ! »

O logique!

Votre mot *liquidation* n'est que le synonyme *d'expul-*
sion ; vos expressions voilées, prudes, équivoques, boiteuses,

indiquent par cette liquidation douce, amiable, sans bruit, sans que *la poudre parle*, une manière toute simple, mais sûre et certaine, de nous faire repasser la Méditerranée!

Et vous le comprenez si bien ainsi, qu'à la page 64 de votre brochure, vous ajoutez : « Les sept ou huit cent mil- « lions d'espèces monnayées, enfouis, dit-on, et cachés en « Algérie, sortiront de terre et viendront relayer les capi- « taux européens. »

Mirage ou perfidie de syrène!

Exprimez donc ainsi votre pensée :

« Quand les Européens ne pourront plus tenir dans la « position que je réclame pour eux, il arrivera ceci : 1° « une partie déguerpira en abandonnant tout aux indi- « gènes, maîtres du sol; 2° l'autre partie vendra à vil prix, « pour ce que l'indigène voudra bien lui donner, ses pos- « sessions d'Afrique. C'est pour cela seulement que les huit « cent millions enfouis par l'Arabe sortiront de terre, et « alors la liquidation sera terminée. »

Voilà la vérité, voilà toute votre pensée, voilà votre but, et, enfin, c'est la seule chose qui puisse se réaliser logique- ment, fatalement, si votre système est adopté.

Nous prédire que ce miracle aura lieu dans une situation pareille, lorsque les indigènes seront les seuls maîtres du sol, ce que demande votre brochure, comme nous le verrons plus loin; oui, nous le dire, à nous autres et à tout homme qui connaît l'Arabe et les choses de ce pays, c'est prouver aussi, à un autre point de vue, contre les Arabes eux- mêmes que vous voulez tant favoriser; oui, c'est les faire passer pour des gens en démence, atteints de folie, ou inca- pables de comprendre leurs véritables intérêts, que les supposer assez niais pour exhumer leurs millions enfouis et relayer ainsi les capitaux européens, pour aider les vain- queurs ou les immigrants à s'installer dans le pays, à y fon-

der des exploitations colossales, à s'y enrichir à côté d'eux!
Credo quod absurdum!

Aussi nous déclarons votre brochure une proscription à
à l'adresse de la colonie! Et nous le démontrerons jusqu'à
la dernière évidence. Il nous est impossibie de vous discu-
ter alinéa par alinéa. car vous vous répetez en vingt en-
droits différents avec des modifications en plus ou en moins,
selon le sens de vos coupures, ce qui prouve vos tâtonne-
ments et votre manque de certitude ou de connaissances ap-
profondies.

Nous ne pouvons que relever les passages les plus sail-
lants et qui semblent contenir l'exposé général de vos principes, si vous en avez.

Il y aurait un gros volume à faire pour démontrer vos
contradictions et vos non sens.

Par exemple, vous dites, page 65 : « Il y aura toujours
« sans doute des immigrants qui s'adonneront à l'agricul-
« ture ; le terrain conquis près du littoral et *dans le ra-*
« *yon rapproché des villes* ne sera pas abandonné par
« eux, soit comme journalièrs, soit comme colons par-
« tiaires. »

Examinons ce système.

D'après votre plan, comme nous le verrons plus loin, les
indigènes doivent être mis immédiatement en possession de
tout le sol vacant et propre à l'agriculture. Donc, le nombre
des villes et villages européens n'augmentera pas. Où bâti-
raient-ils des villes et villages et pour qui, lorsque le sol
appartiendra aux indigènes ? quels rayons voyez-vous donc
en esprit ou en rêve autour de nouveaux centres européens, fantastiques ou imaginaires ? Il n'y en aurapas plus
qu'aujourd'hui! Vos colons partiaires sont donc tout trou-
vés; et il n'en est pas besoin d'autres, puisqu'il n'y aurait
pas de place pour eux! Et alors vous jetez un grand cri

par dessus la Méditerranée pour appeler des immigrants en masse! Qui ? des journaliers, rien que des journaliers!

O chef-d'œuvre de projet colonisateur!

Les journaliers ne viendront pas, et vous le savez bien! Aussi, dites-vous, la liquidation se continuera!

Mais, oubliant ce passage, vous commettez une absurdité à la page 67, en disant :

« Les relations entre les deux races deviendront faciles
« et fructueuses, puisque immigrants et indigènes ne seront
« plus placés en face les uns des autres, sur le même terrain
« comme des antagonistes. »

De quelles relations voulez-vous parler? C'est ce que vous auriez dû nous dire, et c'est justement la chose que vous oubliez! Pourquoi? Parce que vous ne savez rien.

Eh bien, nous allons vous prédire, à notre tour, ce qui se passera.

Etant admis en hypothèse que les indigènes vivront d'un côté et les immigrants de l'autre, voici comment il n'y aura aucunes relations entre eux :

L'Arabe continuera à manger du kouskouss, et il le fera toujours avec son blé.

L'Arabe continuera à manger du beurre, des poules, du mouton, du bœuf et à boire de l'eau ou du lait, et il prendra tout cela chez lui.

L'Arabe continuera à porter bernous et serouel, et cela se fait sous sa tente, avec la laine de ses troupeaux.

Il logera sous sa tente ou dans de mauvais gourbis, il n'aura besoin ni d'entrepreneurs, ni d'architectes, pas plus que de manœuvres!

A moins que vous ne lui rêviez des châteaux en Espagne! Mais il les a tout à fait oubliés!

Voilà de belles relations établies. Et pourtant c'est et ce

sera toujours l'exacte vérité. Quels sont les beaux monuments qu'il a élevés ou qu'il édifie dans l'Arabie même, son pays et le berceau de sa race? Nommez-les moi! Combien en trouverez-vous?

Voici l'autre genre de relations : des courtiers ou des marchands européens, ayant un sabre au côté, s'en iront sur les marchés arabes, y achèteront de l'orge, des blés, des cuirs, des laines et autres objets destinés à l'exportation. Il y aura échange de pièces de cent sous contre ces marchandises; voilà toutes les relations *faciles et fructueuses* qui existeront entre les immigrants et les indigènes; voilà le grand moyen civilisateur dont l'Arabe et l'Européen feront usage. Le premier empochera l'argent et le cachera; le second emportera sa marchandise. Ainsi-soit-il!

On aura discuté chaudement sur le prix; on aura cherché à se tromper réciproquement, et les indigènes se trouveront civilisés.

Dites donc que, dans nos villes, il y aura des comptoirs pour l'achat; et rien de plus. La liquidation de la portion agricole sera faite, par vos moyens indiqués.

Alors il n'y aura plus d'Algérie, mais un royaume Arabe!

Votre plan sera réalisé; car est-il possible d'admettre que des *relations civilisatrices* s'établiront entre deux races rivales que vous séparez sur le sol, dans les intérêts et dans le genre de vie et de travail! C'est réellement à ne pas croire que votre brochure existe.

Est-ce que les Arabes ont et auront besoin de vos cultures perfectionnées, des objets de votre industrie, de votre luxe et de vos façons? Qu'en feraient-ils ? Ou bien, comment les leur imposerez-vous, dès qu'ils seront séparés des immigrants ?

Vos cultures maraîchères, votre jardinage, les produits

de votre agriculture industrielle, vous les expédierez à Marseille, car les Arabes ne vous ne les achèteront pas ; il n'y aura pas, d'un autre côté, une population européenne assez considérable pour les consommer.

Partant, rien que des producteurs, et point de consommateurs ! Beau plan de colonisation, ma foi !

Les indigènes ont leurs oignons humides, leurs pastèques dont ils raffolent, leurs légumes grossiers, leurs chardons sauvages ou korchefs, ils s'en contenteront, à cause de l'habitude et du bon marché !

Et ils le feront aussi en vue de hâter votre liquidation, et ils seront logiques !

Cette manière de juger votre plan n'appartient pas qu'à nous seul, et vous le verrez dans le cours de cette réfutation.

Selon l'*Indépendance Belge*, votre projet est considéré comme *la perte de l'Algérie Française* ?

Êtes-vous Français ? Vous nous le cachez ainsi que votre nom ! Vous faites bien, hélas ! Mais ce n'est pas brave !

Le journal l'*Africain*, dans son numéro du 13 février, apprécie ainsi le danger de la situation que vous voulez nous faire :

« Pour nous assimiler le peuple arabe, il faut l'appeler
« à la propriété du sol, mais il ne faut pas l'en rendre
« maître ; autrement, nous serions forcés un jour de re-
« conquérir sur lui ce sol par un acte violent et qui, cette
« fois, serait bien de la spoliation, puisque nous lui repren-
« drions ce que nous lui aurions donné ou *ce que nous*
« *l'aurions laissé libre d'acheter.* »

Voyez maintenant que la rédaction de l'*Africain* a parfaitement deviné l'usage que les Arabes feraient de leurs huit cent millions cachés, et le sens de votre liquidation qui ne se traduit que par douce expulsion !

Contrairement aux idées de votre projet, M. le maréchal Vaillant disait, dans son rapport du 30 avril 1857 :

« Il est hors de doute que, *dans le temps présent,* les « Arabes occupent une étendue de pays beaucoup supé- « rieure à leurs besoins. La preuve résulte des chiffres « suivants. »

Est-ce clair? M. le maréchal Vaillant tient-il un pareil langage sans connaissance de cause, lui, un vieux général d'Afrique, lui, qui a mis la main dans les choses de ce Gouvernement? S'il le dit, pouvez-vous en douter? Est-ce un colon qui peut ou veut tromper. Pourquoi n'avez-vous pas puisé vos renseignements à de telles sources? Vous ne citez pas une seule de ces bonnes paroles et de ces autorités là? Pourquoi? Parce que vous ne cherchiez pas la vérité!

Vous voyez donc bien que les Arabes ne sont pas spoliés, qu'ils n'étouffent pas, et que des millions d'hectares restent improductifs ou incultes par leur propre et unique faute! Il y a donc autre chose pour les immigrants qu'un petit rayon autour de chaque ville européenne!

M. le maréchal Vaillant ajoute, un peu plus loin : « Il « est donc de toute nécessité qu'une nouvelle combinaison « assure aux colons appelés chaque jour en Algérie, un « large champ pour leurs entreprises. »

Est-ce là votre petit rayon? Demande-t-il une liquidation coloniale, *votre sauve qui peut?*

Et comment s'exprime le *Moniteur Algérien* du 20 fé-février 1857, en parlant même du cantonnement? La mesure a pour objet, dit-il,..... « 4° Une vaste part à la colo-« nisation européenne; de multiplier les points de contact « et de rapprochement entre les deux races par cette affec-« tation nouvelle des espaces intermédiaires obtenus par le « cantonnement ainsi opéré. »

Où est son petit rayon autour des villes européennes? Le

petit rayon n'est que dans votre œil. Votre optique ne vaut rien pour les grands horizons !

Ecoutez maintenant M. le Président du Conseil général de la province de Constantine; il parle du cantonnement :

« La réalisation générale et systématique d'un tel plan
« présente des difficultés si graves et conduit à des consé-
« quences si redoutables qu'on se prend à se demander
« s'il n'a pas été conçu par ceux qui voulaient mainte-
« nir à toujours les Arabes dans leur état actuel et laisser
« en leurs mains, d'une manière définitive, la presque to-
« talité du sol.

« Si l'on cherche à assigner la propriété en raison du
« capital et de l'intelligence de ceux qui sont appelés à la
« faire valoir, on entre dans une série d'opérations enta-
« chées d'un effroyable arbitraire, et, dans tous les cas, on
« peut être certain que *les titres de propriété passeront*
« *vite dans les mains des chefs et des familles puis-*
« *santes. Riches et redoutés*, ils achèteront ou USUR-
« PERONT *les lots individuels, et l'aristocratie*, QUI
« N'EST QU'UN FAIT, *vous l'aurez constituée en droit*
« *par des titres émanés de vous*. VOUS AUREZ , POUR
« DES SIÈCLES, CONSACRÉ LES MISÈRES DONT
« VOUS ÊTES TÉMOINS. »

(M. Lestiboudois, Conseiller d'Etat. Discours d'ouverture du 20 juillet 1859).

Vous n'avez pas cité ces paroles de M. Lestiboudois, parce qu'elles contrarient votre plan.

N'importe ! voilà pour votre petit rayon !

Voilà pour votre constitution de la propriété indigène.

Voilà pour votre aristocratie arabe.

Voilà pour votre civilisation en herbe.

Voilà pour la sincérité de vos études.

Mais nous allons en voir défiler bien d'autres! La pétition d'Alger, comme les autres, affirme hautement et avec des milliers de signatures ou d'adhésions, que « la colo-
« nisation européenne a besoin pour vivre, *d'expansion*
« *et de mouvement.* »

Il n'est pas question ici de votre petit rayon et de votre liquidation coloniale.

Cependant, il se trouve en tête des signataires, une phalange de sommités en tous genres, d'illustrations algé-
riennes, de hauts personnages, d'hommes d'intelligence, de cœur, d'honneur et de désintéressement; entre autres, on doit citer :

MM. Sarlande, maire d'Alger et président du Comité de pétition ;
Baron de Vialard, membre du Conseil général;
Gimbert, propriétaire;
Borély Lasapie, membre du Conseil général ;
X. Bordet, rédacteur de l'*Akhbar*;
G. Andrieux, rédacteur du *Courrier de l'Algérie;*

A Constantine, nous voyons :

MM. Battandier, banquier, juge au Tribunal de Com-
merce;
Brunache, riche négociant et propriétaire ;
Luc, avoué, membre du Conseil municipal ;
Lucet, avocat et propriétaire ;
Rolland, avocat;
Maigret, négociant et juge au Tribunal de com-
merce.

D'accord avec toutes ces voix et avant elles, M. le maré-
chal duc d'Isly avait écrit dans sa circulaire du 10 avril 1847 : « Je crois avoir dit plusieurs fois que ma doctrine

« politique , vis-à-vis des Arabes, était, non pas de les
« refouler, *mais de les mêler à notre colonisation ;* non
« pas de les déposséder de *toutes les terres* pour les por-
« ter ailleurs, mais de les resserrer sur le territoire qu'ils
« possèdent et dont ils jouissent depuis longtemps, lorsque
« ce territoire est disproportionné avec la population de la
« tribu. »

Notez, M. Embothrion, que c'est un maréchal de France
et un gouverneur général de l'Algérie qui parle ainsi. Son
expérience ne vaut-elle pas des phrases creuses !

« Il ne veut pas refouler les Arabes, mais les mêler à la
« colonisation. »

Voilà comment on civilise.

« Il ne voulait pas les déposséder *de toutes les terres*
« occupées par eux, mais il prétendait qu'elles fussent en
« proportion avec la population de la tribu. »

C'est précis. Vous admettrez donc avec nous que cet
homme pratique, que ce vieil Algérien, que ce gouverneur général a dû parler d'après son expérience, sans
haine, sans crainte, sans préjugés, sans parti de coterie,
sans intérêt personnel.

Eh bien, cela accordé, veuillez rapprocher l'une de
l'autre ses deux idées : 1° celle de mêler les Arabes aux immigrants, 2° celle de ne leur accorder de la terre qu'en
raison du nombre et des moyens, et vous conviendrez, sans
doute, que c'est un système diamétralement opposé au
vôtre , que ce n'est pas faire un petit royaume , que ce
n'est pas donner aux immigrants un petit rayon autour des
centres européens, que ce n'est pas décréter la liquidation
coloniale !

Mais ce serait civiliser réellement et en bon français ;
comprenez-vous le français, ce français là !

2

Pas plus que nous, pas plus que tous les honnêtes Algériens, pas plus que la masse des colons, le maréchal Bugeaud ne voulait spolier ni maltraiter les indigènes! Du reste, c'est une accusation gratuite que vous lancez contre les immigrants, sans la justifier par aucune preuve.

Nous allons nous rencontrer sur ce terrain, mais nous ne pensons pas qu'il vous soit glorieux.

Un nombre infini de citations de cette nature pourrait vous être opposé, mais l'espace nous manque et la surabondance deviendrait fastidieuse.

Passons donc à d'autres motifs, ceux que vous faites valoir subsidiairement ou pour la forme ou en guise de justifications. C'est le cas de le dire : la fin justifie les moyens! Alors voyons vos moyens.

Vous dites, à la page 13 de votre brochure, en parlant des indigènes : « Obéissance entière à la souveraineté « française; main mise sur tous les éléments constitutifs de « toute la société, à savoir : Instruction publique, police « supérieure du culte, administration de la justice, haute « direction du travail général. C'est la condition néces- « saire du progrès dont nous sommes les initiateurs. Nous « pourrons ainsi défendre les indigènes contre eux-mêmes « et contre l'exploitation étrangère. »

Belle théorie! mots ronflants! Mais phrases vides de sens ou pleines de non sens. Chacune de ces énonciations exigerait un volume pour être formulée, développée, rendue compréhensible et accompagnée d'enseignements pratiques. Vous jetez des mots, beaucoup de mots, sans les faire suivre d'interprétations indispensables.

En effet, votre système de deux races séparées étant admis, faites-nous le plaisir de nous expliquer ce que vous

entendez par ces mots : *obéissance entière à la souveraineté française.* Mais, lorsque les indigènes seront en possession et propriétaires titrés du sol algérien, moins vos petits rayons, et lorsque la liquidation coloniale prendra sa
fin, s'il plait aux citoyens de votre royaume nouveau de
n'être plus sujets français, que ferez-vous? L'*Africain*, cité
par nous, vous l'a dit : « Nous serons forcés de reconqué-
« rir le sol par un acte violent, etc. »

En d'autres termes : il faudra recommencer la conquête.
C'est joli!

Instruction publique, dites-vous.

Mais, dans cet état de séparation des deux races, comment entendrez-vous l'instruction? C'est ce que vous ne
dites pas! Sera-ce par des tholbas ou des marabouts, par
des Français ou des indigènes, avec le Coran, Sidi Khelil et
Sidi Boukhari, ou avec nos livres? Expliquez-vous. Mais
vous ne savez ni le vrai, ni le bon, ni le possible. La meil-
leure instruction, la plus prompte éducation ne se feront
qu'au moyen du mélange, de la fréquentation, de la fusion
des races et des intérêts. Votre instruction sèche, positive,
insolite pour eux, faite par vos professeurs et avec vos livres,
sera stérile dans l'état actuel et d'après votre système. Celle
des indigènes est nulle, ou futile, ou mesquine, toujours
ennemie, le Coran en fait le fond, Khelil l'explique. Lisez-
les et donnez-nous une solution contraire, mais motivée.

Administration de la justice.

Par qui? Vous ne le dites pas non plus! Par les cadhis?
Nous vous renvoyons à la traduction de Sidi Khelil par le
savant et laborieux docteur Perron. Interrogez cet illustre
professeur sur vos opinions anti-algériennes, et vous verrez
s'il pensera comme vous! Etudiez aussi les commentaires
des quatre sectes Malékite, Hanéfite, Hannebalite et Chiite.

Vous saurez la loi et les prophètes de l'islam. Mais, si vous urinez de bout, vous ne pourrez, même avec toute votre conscience et votre honorabilité, être entendu comme témoin! Jugerez-vous selon la loi française et la justice sera-t-elle rendue par des magistrats français? Alors plus d'instruction indigène, pour être logique. Plus de coran, plus de sectes, plus de mœurs arabes, plus de coutumes, plus de roueries, plus d'escamotages! C'est ce que nous demandons tous pour le bonheur et la prompte civilisation des indigènes. Mais alors pourquoi les isoler de nous, les séparer des Européens? Pourquoi demandez vous, comme nous le verrons plus loin, qu'ils conservent leur aristocratie arabe, leurs chefs, leurs exploiteurs! Cette instruction et cette justice nouvelles ne peuvent convenir à cette féodalité. Vous entrez en pleine tour de Babel! Et la polygamie, à laquelle vous n'avez pas pensé! C'est là qu'on vous attend avec vos théories énigmatiques!

Police supérieure du culte.

Mais vous n'entendrez rien de malsonnant dans les mosquées. C'est dans les diverses sociétés de Khouan, dans les conciliabules secrets, dans les mystères de la solitude ou des Zaouïas, au milieu des Ascètes, des Tholbas, des Marabouts, que l'on conspire ou que l'on entretient le feu sacré de la guerre sainte, pour le jour favorable, pour le jour de votre liquidation, si elle n'est pas assez prompte. Lisez les deux ouvrages de MM. de Neveu et Brosselard, et dites-nous ensuite que ces confréries ne sont pas puissantes et dangereuses.

Mais vous voulez une liquidation coloniale: *Delenda carthago.*

Et nous, nous répondons, avec M. Bugeaud, mêlez les indigènes aux immigrants, désagrégez les insurgés futurs, et vous civiliserez dans le calme, dans la paix et la justice, avec honneur et intelligence!

Haute direction du travail.

Quel travail chez les indigènes? Semer du blé et planter des choux? Quelle haute direction! Ils ne font guère autre chose, à moins qu'ils ne dorment! C'est vraiment fabuleux! Il y a dix ans que nous les voyons à l'œuvre et ils sont immuables dans leurs us et coutumes! Séparés des immigrants ils n'en feront jamais davantage! Forcez-les à fusionner, ils progresseront, c'est le seul moyen possible de civilisation. Parmi les familles européennes, ils apprendront par la parole, par le cœur et par l'exemple. Hors de là, *statu quo!*

Vous voyez que nous ne sommes pas leurs ennnemis, puisque nous voulons bien accepter à leur profit les mille et un désagréments de leur voisinage. Mais vous ne connaissez peut-être que les *contes des mille et une nuits!*

Maintenant arrivons à l'une de ces phrases qui vous sont favorites, comme à bien d'autres, parce qu'elle est fort jolie et témoigne de généreux sentiments; mais elle a le malheur de n'être qu'une vaine phrase à l'usage des braves cœurs qui peuvent s'en contenter. La voici, page 36 :

« En ce qui concerne l'Algérie, elle sera civilisée et fé-
« condée par l'action simultanée et sympathique de l'intel-
« ligence, du bon vouloir et des capitaux français.

« Cependant, le concours européen est indispensable à
« l'œuvre de la colonisation. » (page 63).

Daignez m'expliquer, si vous le pouvez, cet amalgame, cet imbroglio de mots et de phrases.

Nous venons de voir plus haut, quelle place et quel rôle vous assignez aux Européens, une lisière sur le littoral et un petit rayon autour de chaque centre dans les terres, en attendant seulement que la liquidation coloniale se fasse ; et puis, après avoir réduit les immigrants à cette portion congruë, vous venez de nous tenir ce langage de l'âge d'or : « l'Algérie civilisée et fécondée par l'action simultanée de « l'intelligence, du bon vouloir et des capitaux ! »

Qu'entendez-vous donc par ces mots, énigme incarnée !

Quel bon vouloir, quelle intelligence croyez-vous désigner ? Indigènes ou Européens ? Mais les Européens n'en auront pas besoin vis-à-vis des Arabes et réciproquement. Vous avez mis la muraille de la Chine entre eux. Quant à la civilisation, nous avons démontré comment elle était possible au moyen de votre système.

Mais venons aux capitaux ! Est-ce qu'ils suffisent à une œuvre de civilisation ? Est-ce que les Européens viendront les apporter aux indigènes, quand ils n'osent les confier à leurs co-nationaux, à leurs amis, à leurs frères. Et puis, ce serait pour faire concurrence aux immigrants ? *quando que bonus dormitat Homerus !* Vous faisiez comme lui, sans doute, lorsque vous avez écrit ces inconséquences.

Enfin, à longue distance et sans tenir compte de toutes vos contradictions précédentes, vous éprouvez le besoin de formuler cette phrase singulière et disparate :

« Cependant, le concours européen est indispensable à « l'œuvre de civilisation. »

Merci de votre bonté !

La page 19 de votre brochure, pleine de larmes de Jérémie, vous représente debout sur une rive de l'Euphrate et psalmodiant, sans phsaltérion, ni harpe, ni cinnor, cette lamentation en forme de nocturne :

« On enlève aux indigènes une partie de leurs moyens
« d'existence; on les resserre sur le sol, *sicut nicticorax*
« *in domicilio*) ; on les gêne dans leurs habitudes de culture
« pastorale; on les déclare barbares, ignorants, perdus de
« vice, et, sous prétexte de civilisation, on voudrait les
« chasser hors de leurs coutumes, de leurs lois, de leurs
« croyances! »

En présence d'une telle condamnation, nous n'avons plus. qu'à nous charger la tête d'un sac de cendre, à déchirer nos vêtements en signe de deuil, à nous jeter aux pieds des indigènes, à leur demander mille fois pardon, à leur dire enfin : notre liquidation est finie et nous partons !

Mais, dites-nous, M. Polycnème, où avez-vous donc vu ces choses-là?

Qui vous les a racontées?

Il n'y a donc pas de gouverneur général en Algérie? On n'y trouve donc pas de juges, de préfets, de maires, de généraux, de commissaires civils, de bureaux arabes, pour réprimer ces infamies. Comment! il ne se rencontre pas un seul honnête homme qui élève la voix pour les dénoncer! Eh quoi! si ces faits sont vrais, comme vous l'affirmez, pourquoi n'ont-ils pas été connus de ces autorités. Ou bien si ces autorités les ont connus sans les punir, n'en sont-elles pas complices? Alors, quelle responsabilité, quelle criminelle tolérance !

Gouverneurs généraux, duc d'Isly, Charron, Randon,

duc de Malahoff; ministres de l'Algérie, prince Napoléon, comte de Chasseloup-Laubat, et tous autres, vous voilà formellement accusés par cet écrivain anti-français d'avoir laissé enlever aux Arabes une partie de leurs moyens d'existence, de les avoir laissé resserrer sur le sol, gêner dans leurs habitudes pastorales, déclarer barbares, ignorants, perdus de vices, ou d'avoir voulu ou laissé vouloir les chasser hors de leurs coutumes, de leurs lois, de leurs croyances!

Mais non, vous n'êtes pas coupables, vous n'avez besoin de l'absolution de personne, et pardonnez à ce malheureux écrivain, parce qu'il ne sait ce qu'il dit!

Es-ce que les Arabes sont resserrés de façon à perdre la moitié de leurs moyens d'existence? Nous avons déja répondu d'avance à cette fausse allégation par deux citations empruntées au maréchal Vaillant et, prouvant par des statistiques, que les Arabes possèdent une étendue de terrain beaucoup trop considérable pour le chiffre de leur population.

Voici un autre témoignage, émané de M. O. Mac-Carthy, homme compétent en pareille matière :

« En admettant que l'on veuille établir dans le Tell al-
« algérien, par kilomètre carré, une population égale à
« celle du département de la Manche, il faudrait y envoyer
« *quinze millions* d'individus; mais, comme on compte dé-
« jà à peu près 3,000,000 d'habitants, (tant Arabes que
« Kabyles), qu'il y a une certaine partie de la surface in-
« cultivable (beaucoup moindre qu'en France), ce chiffre
« de quinze millions doit se réduire à dix. C'est donc *dix*
« *millions* d'individus que la France peut très convena-
« blement établir *sur le sol cultivable* de l'Algérie, SANS

« GÊNER LES POPULATIONS QUI S'Y TROUVENT
« DÉJA, *et en ne lui donnant qu'une population pareille*
« *à celle du département de la Manche qui n'est pas le*
« *plus peuplé de la France, puisqu'il n'y tient que le*
« *huitième rang.* »

(O. Mac Carthy, population de l'Algérie).

Est-ce précis, mathémathique? Où donc avez-vous vu ce resserrement funeste des Arabes et la perte de la moitié de leurs moyens d'existence? Pourquoi votre petit rayon autour de chaque centre, afin d'arriver à la civilisation des indigènes? Ridicule sur ridicule! *Abyssus abyssum invocat!*

Qui cherche à les chasser hors de leurs coutumes, de leurs lois, de leurs croyances? Les immigrants les laissent fort libres et fort tranquilles sous tous ces rapports! Mais, au nombre de leurs us et coutumes, on trouve malheureusement le vol et l'assassinat. Le journal l'*Echo de Setif* et d'autres ne peuvent plus fournir à l'enregistrement de ces actes féroces ou de brigandage. Les Cours d'assises et les Tribunaux correctionnels ont une rude tâche à remplir, et les prisons sont emcombrées de prévenus, dont on ne sait quoi faire. Vous n'avez mentionné ni ces renseignements ni ces statistiques. Mais vous voulez la liquidation coloniale; puis vous civiliserez les indigènes avec quelques pages d'Aristote ou un chapitre de Platon!

On ne maltraite point les Arabes en Algérie. Ils ont la rouerie du mal et de la platitude. « C'est, dit le général « Daumas, une kirielle de remerciements, de souhaits, de « prières et de sollicitations que prodigue ce peuple souple, « liant, abondant en amabilités verbeuses, lorsqu'il veut en « venir à ses fins, demander un service, implorer une

« grâce, solliciter une faveur, écarter une importunité sans
« blesser l'importun. Quand il aura tiré de vous ce qu'il
« voulait, si les positions respectives changent, s'il n'a
« plus besoin de vous, si les rôles sont intervertis, l'homme
« naguère humblement pressant vous répondra brièvement
« par le dicton :

> « C'est mon cheval qui te connait,
> « Moi, je ne te connais pas.

« Nous autres chrétiens, non seulement nous ne devrions
« pas faire un grand fond sur ces compliments, mais nous
« devrions les regarder comme un avertissement de mé-
« fiance. »

Judas baisa Jésus sur la joue. Voilà l'Arabe actuel.

Et vous voulez qu'avec de tels hommes, l'immigration
ne se tienne pas en garde, ne demande pas à s'augmenter,
à fonder partout, au milieu de ce peuple, des centres colo-
niaux forts et puissants.

Page 73, vous écrivez cette phrase malheureuse et in-
exacte : « Il ne faut pas oublier que les Français de l'Algé-
« rie n'ont pas conscience de la mission civilisatrice qu'ils
« ont à remplir, et que, jusqu'à ce jour, ils ont regardé
« les indigènes comme des vaincus à *dépouiller* et à *com-*
« *primer* et non comme des compatriotes à rattacher à la
« France. »

Ici, tâchons de nous entendre. Parlez-vous des colons ou
des autorités? car, vous dites : les Français de l'Algérie.
Ces deux mots méritent explication.

Si vous parlez des colons, nous vous répondrons que la

chose n'est pas vraie, et que, si elle était vraie, la honte et la faute en retomberaient sur les autorités.

Si vous désignez les administrations, vous les calomniez aussi; enfin, vous diffamez tout le monde. Mais on pourrait bien vous en demander compte.

Voici les principes d'exploitation et de spoliation professés en Algérie; nous laissons la parole à M. Majorel, Préfet d'Oran, (discours d'ouverture dans la séance de la Chambre d'agriculture).

« Les associations, entre Européens et indigènes, mé-
« ritent d'être encouragées, car elles ont pour effet de rap-
« procher de nous la classe laborieuse du peuple conquis,
« de propager dans les tribus les meilleurs procédés de
« culture, d'y répandre les idées les plus justes sur le but
« de nos efforts en Algérie, et d'effacer, par le contact, les
« préjugés que les indigènes conservent encore contre
« nous. »

Est-ce là de la spoliation? Est-ce là prêcher ou prati-
quer la compression des indigènes? quoi! Des Européens s'associent des Arabes sur leurs terres, les forment à nos travaux, les initient à nos mœurs, leur enseignent nos procédés. On se montre ami, civilisateur, dévoué, fraternel! et vous criez à la spoliation! Vous insultez tous les Français algériens!

L'administration remarque ce progrès, en admire les heureux résultats, et ses représentants s'empressent d'encourager ces associations, ces commencements de fusion, ce moyen si cordialement colonisateur!

Ce principe et ces encouragements sont applaudis par des hommes tels que MM. Dupré de Saint-Maur, Cauquil,

Dupuy, Dandrieu, Fault.du Puyporlier, Combes, Imbert, Winkel et tous les autres membres de la Chambre consultative d'agriculture. C'est la pensée de tout le monde; elle est passée dans la pratique! Et vous traitez les Algériens d'exploiteurs, de spoliateurs. Est-ce qu'on lance une pareille diffamation, sans preuves ni pièces à l'appui!

Non! Mais votre encrier est une écumoire à recueillir tout le mal qu'on dit de l'Algérie, et vous répandez tout cela sur le papier, sans vous apercevoir que vous souillez vos doigts et une population honorable!

M. le maréchal duc de Malakoff, gouverneur général, est-il de votre avis? Ecoutez :

« Tout nous commande de fixer en Algérie une popula-
« tion européenne, nombreuse et forte, d'abord pour trans-
« former le sol ; ensuite pour le conserver. » (Extrait de son discours au Conseil supérieur du gouvernement, le 7 octobre 1861).

Comme il veut des colons, beaucoup de colons européens, jusqu'à former une population forte et nombreuse, d'abord pour transformer le sol et ensuite pour le conserver, et que, par là, il est en opposition directe avec votre système, il veut donc des Européens partout et non vos petits rayons; partant, selon votre opinion, en sa qualité de gouverneur général, il se fait embaucheur et chef d'exploiteurs, de spoliateurs!

Voyez où mènent les conséquences logiques de votre raisonnement.

Bien plus, il veut encore une réforme tout opposée à votre régime du sabre que nous examinerons plus loin; voici ce que lui, militaire, dit de la défense du pays.

« L'effectif de l'armée ne pourra pas toujours être main-

« tenn à son chiffre actuel. Il faut prévoir le jour où il au-
« ra diminué, et mettre dès lors nos établissements en état
« de se défendre eux-mêmes, aussi bien contre les attaques
« extérieures que contre les soulévemeuts intérieurs.
(Même discours).

Il faut donc, d'après le plan du gouverneur général, qui
doit en savoir au moins autant que vous là-dessus, que nos
établissements, forts, nombreux, bien peuplés, soient fondés
sur tous les points de l'Algérie et jusqu'à ses extrémités,
pour être en état de *se défendre eux-mêmes,* l'armée
étant excessivement diminuée, de se défendre aussi bien
contre les attaques extérieures que contre les soulèvements
intérieurs !

Quel formidable colonisateur que le duc de Malakoff,
n'est-ce pas! Il faut qu'il n'ait jamais vu l'Algérie! que ne
vous a-t-il consulté!

Toutefois, que devient votre petit rayon? Mais vous ne
faites donc que revenir d'une des cinq colonies cirtéennes;
vous arrivez de votre *pagus!* Tenez, vous n'êtes qu'un petit Sittius. Mais César ne vous donnera pas Constantine.

Voici venir une autre autorité dans la matière, c'est M.
Borély Lasapie, membre du Conseil général d'Alger. Il a
des vœux bien plus pressants.

« Si la France, dit-il, veut à tout jamais posséder l'Al-
« gérie et la posséder avec sécurité; si elle veut pouvoir
« un jour diminuer sensiblement son armée, si elle veut
« rendre le pays productif et prospère, si elle veut civiliser
« moraliser, enrichir les indigènes, elle doit faire en sorte
« qu'il s'établisse, à côté des trois millions d'indigènes, UN
« MILLION D'EUROPÉENS. Et faut-il pour cela ni beau-

« coup de temps, ni beaucoup d'efforts, ni beaucoup de
« terres. »

Un million d'Européens, dans un court délai! Et M.
Borély Lasapie affirme que la chose est simple et facile!

Déchirez vos plans, Monsieur! Et prenez le deuil! Nous
vous trouvons toujours seul et désarmé dans votre petit
rayon!

Mais nous voyons d'accord et d'un avis unanime : les
gouverneurs généraux de l'Algérie, les préfets, les conseils
généraux des trois provinces, les magtstrats, la presse, les
hauts personnages de tous rangs, les savants et les hommes
pratiques.

Vous, comptez les héros de votre phalange à liquidation!
quelle solitude autour de vous!

Mais closons ici notre première partie.

Dans la seconde qui sera intitulée: ESPÉRANCE, ALGÉ-
RIENS! nous reprendrons un à un vos arguments nouveaux et qui continuent, dans votre brochure, la série de
vos démonstrations fallacieuses et vaines. Nous les combat-
trons corps à corps, usant des mêmes armes, loyales, bien
trempées dans l'honneur et la conscience, inbrisables, nous
détruirons pièce à pièce vos assertions controuvées en faveur de votre *paysan indigène, bon éleveur et excellent
cultivateur;* votre système *d'agriculture industrielle et
et de culture perfectionnée pour les immigrants dans
votre petit rayon; vos plans de fondation de l'industrie
française en Algérie, en n'employant* QUE DES OU-
VRIERS INDIGÈNES, *sous la seule direction des pa-*

trons, des contre-maîtres et des moniteurs de l'atelier ; votre gouvernement indigène au moyen de *la tribu maintenue et de l'aristocratie arabe pour tête et moteur ; vos injures grossières à l'autorité civile ; votre régime militaire français et arabe ; et enfin votre bilan faussé de l'Algérie.*

Daignent les Algériens comprendre la loyauté et le désintéressement de mes efforts, donner plein succès à cette première partie qui devrait se trouver entre les mains de tous et être en même temps répandue en France, afin que que l'on sache de quel côté sont le droit, l'honneur, l'expérience, la vérité et le seul système possible de civilisation indigène !

www.ingramcontent.com/pod-product-compliance
Lightning Source LLC
Chambersburg PA
CBHW051352050726
475953B00006B/2525